国 内 顶 级 瑜 伽 教 学 研 发 机 构 倾 力 打 造

90分钟强效减肥调理瑜伽

林晓海(Ram Lin)编著

凤凰出版传媒集团
江苏文艺出版社
JIANGSU LITERATURE AND ART PUBLISHING HOUSE

目录 CONTENTS

PART1 疏通全身经络，消除赘肉

PART2 深层内脏排毒

PART3
精雕细塑完美体形

PART4
内外兼修，打造永瘦体质

90分钟强效减肥瑜伽

90分钟强效减肥瑜伽，由国内顶级瑜伽教学研发机构——蝉舟瑜伽，开发出的适合普通读者的最新女性减肥调理课程。

本课程通过26个瑜伽体位，按照人体肌肉、韧带与肌腱的特点进行了科学排列，使肌肉、肌腱、韧带得到深层锻炼，26个扭转弯曲伸展的静态体位能直接刺激神经和肌肉系统，改善脊椎柔软度。

建议每次练习时间不少于60分钟，90分钟可将该课程完成两遍。90分钟即可达到排毒减肥的神奇作用。本套课程的最大特点是既可以分开练习，整体又是一套完整的瑜伽动作。

长期练习对改善肤质、失眠、偏头疼、腰背痛、颈椎病、胃肠疾病等都有很好的作用。

90分钟

活化细胞，加速脂肪分解和体内毒素排出。

第一阶段（12天）：疏通全身经络，消除赘肉

站立类的动作连在一起，可非常充分的伸展两侧侧腰的肌肉，消耗侧腰多余赘肉，加强下肢的肌肉力量，从而减少下肢多余脂肪，有效地锻炼身体的平衡能力，使整个身体的线条感得以增强。

PART1动作可以充分舒展全身，快速地疏通全身经络。对于颈部、上肢、胸部、腰部、腹部、腿部等部位全面消脂、提升。

第二阶段（3天）：深层内脏排毒

三个仰卧位的动作连在一起，可很好的放松全身，平衡神经系统、缓解压力、调节内分泌，使人体各腺体功能正常，达到消除多种肠胃疾病、改善睡眠质量、平和心态等功效。

PART2重点练习除风式，即可按摩腹部内脏器官，排除体内毒素，同时放松腰背部位，加强腹部肌肉，有助于减轻便秘。

第三阶段（4天）：精雕细塑完美体形

更好的加强腰背肌肉力量，减少腰背多余脂肪，灵活柔韧整条脊柱，使身体的曲线变得更优美更纤细。

PART3针对最易发胖的腰、腹、臀部位强效练习，抑制赘肉反复，塑造完美三围。

第四阶段（10天）：内外兼修，打造永瘦体质

充分锻炼人体的中心柱——脊柱、伸展肌肉、雕塑体形。通过特有的胸腹式呼吸法按摩内脏、调节内分泌、提高淋巴系统的排毒功能；并通过休息术和语音冥想放松神经、缓解压力、改善睡眠，内外兼修，获得身形上的完美提升。

PART4跪坐、坐姿类动作连在一起可充分地灵活放松脊柱，使我们的脊柱变得更健康，此部分还特别介绍了瑜伽冥想减肥术和瑜伽呼吸法。

瑜伽女性调理

瑜伽练习能重新调整和统一身心，使呼吸系统、循环系统、内分泌系统、消化系统和生殖系统等达到最佳的平衡状态。

本书特别赠送90分钟“瑜伽女性调理DVD”一张。该光盘由蝉舟瑜伽馆总教头林晓海率队讲解演示，示范讲师精心设计了一系列具有不同针对性的瑜伽动作，并在演示过程中对每一个动作都阐释了动作要领和功效特点。

提升罩杯，对乳腺增生说“NO”

乳腺增生是女人最常见的乳腺疾病，发病原因与内分泌失调、卵巢功能失调、精神紧张和过度疲劳有关。

瑜伽体位练习会使身体血液更加畅快、胸部供血充足，平衡乳腺分泌。经常练习，不但可以预防乳腺疾病，还能扩展胸部、锻炼胸肌，增强胸肌弹性，纠正乳房下垂，美化胸部曲线。

通过瑜伽体位丰胸的最佳时期是从月经来后第11、12、13天，而18~24天为次佳时期，在这10天中，影响乳房丰满的女性激素是24小时等量分泌，是激发乳房脂肪堆积的最佳时机。

温补子宫，改善卵巢失调

紧张的工作和生活，使许多女人刚过30岁，就发现自己脂肪堆积，精神状态欠佳、睡眠质量低下、性冷淡无趣……这些，都是卵巢拉响了警报。

瑜伽体位练习可温补子宫，改善卵巢功能失调。在瑜伽体位练习中，不少动作（如骆驼式等）都能充分给子宫充血，强壮子宫肌肉，加速血液循环，对月经不调，输卵管不通，产后阴道松弛，卵巢囊肿、盆腔炎等都有较好的效果。

调理月经，促进血液流通

瑜伽体位练习能通过按摩腹部脏器，平衡子宫内腺分泌，促进腹部血液循环、补充身体对子宫的送血能力，并保持经血健康，强化子宫内膜，抑制黄体萎缩，预防、改善月经不调、痛经等。

调整骨盆，拥抱崭新生命

骨盆，是女性产道的重要组成部分，是胎儿经阴道分娩出的必经之路，其大小形状直接影响分娩。

练习瑜伽，能以骨盆为中心，矫正你的脊柱和全身骨骼，松驰肌肉和结缔组织，让骨盆慢慢放松，由变形转至常态。

TIPS 如果你正值生理期

不过，瑜伽虽然有诸多女性调理功效，如果你是初学者，又正值女性生理期间，出于保险起见，还是休息，最好只进行28式——冥想放松的练习。如果您身体条件较好，可在征求专业人士意见或在其指导下，进行前26式的锻炼。具体情况要依身体条件而异。

美肤养颜——从内开始

瑜伽体位训练可达由外而内、由内而外，内外身心双修的效果，所以，练习瑜伽不但能帮助女人的身体排出废物和毒素，还能提高身体的含氧量。当你的身体充满活力和能量后，心灵也会随之平静，散发出和悦、从容的气质。

凸显光泽，清理面部毒素

粉刺、毛孔和痘痘都是女人的大敌。瑜伽体位中弯曲的动作可按摩内分泌腺，如甲状腺、肾上腺等，全面调整人体的内分泌，促进消化，排出体内毒素。

练习瑜伽体位12天时，你会感到面部肌肤逐渐光滑细腻，如果你体内的毒素积累过多，痘痘还会增加，但不会持续太久；练习瑜伽体位19天后，你会发现皮肤开始出现光泽，气色越来越好；而练习瑜伽体位28天后，你体内的大部分毒素，以及面部色素及生长物都会消除。

紧致肌肤，安享如花容颜

雌性荷尔蒙分泌紊乱、真皮机能下降都会导致肌肤松弛，而皱纹和细纹也会在此时悄然出现。瑜伽体位练习不但能由内而外修正肌肤，更能加快新陈代谢，提高身体细胞各项机能，使细胞保持年轻，使表皮层和真皮层富有弹性和活力，预防皱纹产生。

练习瑜伽体位19天后，你会发现面部的肌肉得到彻底锻炼，新鲜的血液会注入每一个细胞；而练习瑜伽体位26天，特别是完全掌握霹雳坐吹气式后，你会发现面部的血液循环更加通畅，面颊和眼角的小皱纹、面部松弛下垂的肌肉都会得到改善。

NOW，瑜伽，现在就开始！

作为女人，你是否想立即和瑜伽零距离，却又担心繁琐的准备？其实，只要准备几种优质瑜伽用品，你就轻松掌握更多体式，从入门向“资深”迈进。

瑜伽场地

瑜伽馆练习当然最好。如果在家中练习瑜伽，一定要有4平米左右的面积，好让你能原地活动。

瑜伽服

练习瑜伽的首选，自然是宽松舒适的瑜伽服，其他贴身但不紧绷的运动装，吸汗透气性好的棉质或棉麻衣物也不错，不过纽扣、拉链、腰带等坚硬的饰物，练习前还是先取下为妙。

瑜伽垫

选购瑜伽垫时，一定要到正规商店购买，垫子应无异味，长度不可短于身高，宽度不可窄于肩膀，厚度在0.5～1厘米左右。

瑜伽铺巾

瑜伽铺巾防滑性好、便于清洗，使用时直接铺放在瑜伽垫子上，再方便不过。

瑜伽砖和瑜伽带

别忽略瑜伽砖和瑜伽带，它能帮助你完成很多难以掌握的动作。还能协助你增加动作的幅度，只是一定要在专业教练的指导下进行。

瑜伽音乐

想迅速进入瑜伽状态吗？就让瑜伽音乐帮你吧。印度特点的音乐最具文化气蕴，中国的传统音乐也可以，但风格要轻松自然。

毛巾

柔软细腻、吸汗性佳的毛巾，也是你练习最佳伴侣之一。进行面部需触地的动作时，将毛巾垫在面部和垫子之间，卫生又舒适，如果出汗，还可以用毛巾进行清洁。

眼罩

专业瑜伽眼罩会配有纯天然的种子，这是为了更好的放松双眼，缓解压力。在做休息术时带上眼罩，能更快地进入放松状态。

水杯

并非所有的瑜伽练习都需要喝水，但如果你爱出汗或强调身体排毒效果，就要随时补充水份。水质以温水为好，含糖和电解质的运动饮料也可以。

PART 1

疏通全身经络，消除赘肉

充分舒展全身，快速地疏通全身经络。对颈部、上肢、胸部、腰部、腹部、腿部等部位全面消脂、提升。

紧致美颈

站立深呼吸式

功效

站立深呼吸式可以紧致脖颈区域肌肉，去除脖颈处的皱纹，将呼吸调整到规律、深长、细腻的状态，使人放松、平和身心。同时，站立深呼吸式还可以帮助练习者加强肺功能，起到预防肺气肿、气喘病、气短等各种不良疾病。

01 直立，双腿、双脚并拢。

02 双手十指交插抵在下颚，掌心和双肘关节尽量并拢。

03 鼻孔吸气，同时将双手肘向两侧抬起，直至手背贴近脸颊。

注意

应反复练习6~8组，练习过程中呼吸与手臂的动作一定要配合好，如吸气，抬手臂；呼气，并拢手臂等，同时不要闭眼睛，保持平视。练习中不要停顿，尽量按照自己呼吸的长短进行练习，可逐渐让气息变得缓慢而深长，但不要刻意，保持吸气与呼气的时间为等长的状态，同时身体要始终保持直立，不要出现耸肩、弓背、塌腰等状态。

04 抬头，颈部放松后仰，看向正上方；张大嘴巴，将吸进的气体向外呼出，同时将双手肘向前尽量与地面平行并拢；气体完全呼出后，再将头、上身回复到正中，准备再一次的吸气。

摆脱宽肩烦恼

——半月式与手触趾式

衡量女人上半身线条是否美丽的标准，就是肩部线条是否紧致柔滑、匀称饱满。半月式与手触趾式为颈肩提供充足的锻炼机会，拥有完美线条绝非难事。

01 直立，双腿、双脚并拢。

02 吸气，手臂经身体两侧抬起，双手至头顶上方交插合十，其余手指相扣，顺着食指指尖去延伸。

03 手肘伸直，双臂内侧贴紧双耳。

向侧弯腰时身体一定要水平，避免扣肩、含胸。

功效

半月式/手触趾式可以灵活肩关节，使血液很好的滋养肩膀区域。向四个方向弯曲练习时，可充分伸展到身体的左、右、前、后四侧，使血液在身体里充分循环，同时帮助加强身体中段的肌肉力量和伸展性，在伸展过程中燃烧多余腰腹脂肪，从而良好舒展身体的线条，对于帮助消除肝脾肿大、消化不良、便秘等症状都有很好效果。

04 呼气，自腰部开始上体向左侧弯曲至最大限度，最终可与地面90度平行位置保持；吸气身体回到正中。

05 呼气弯曲向右侧保持；吸气再回复到正中，调整气息。

06 吸气，脊柱随双手向后伸展。

最终完成时上体一定要贴在双腿上，避免离开双腿。

注 意

四个方向弯曲上身的练习，保持的时间应平均、等长，同时按照个人身体情况来选择保持时间及幅度的练习。初学者保持时间为3~5次呼吸，循序渐进练习后可保持10~20秒。向四个方向弯曲的动作停留时，应保持均匀的呼吸，尤其是后屈的动作中也要有呼吸存在。

如要在弯曲停留中出现屏气现象，应减小动作的幅度，在能够保持自然呼吸的位置上停留并练习。

07 呼气，移动双髋、双臀重心向前，自腰部向后最大限度的弯曲上身，然后彻底放松颈部、头部向后，肩膀、手臂随之充分向下打开至最大限度，完成后屈的姿势。

08 吸气，上身回复直立；呼气，自腰部向前、向下弯曲上身，至双手握住脚踝前侧，使颈部、头部、上身有放松、下沉的感受。

09 再次呼气时，微曲双膝，双手向后握住脚踝后侧，使腹部平贴大腿，颈部放松，面部贴向小腿。

10 吸气，上半身跟随双腿向后、向上伸展至最大限度，最终可将双膝完全伸直；上身与之平贴保持。

11 呼气，放松身体，抬头看前方，双手松开脚踝合十在体前；吸气手臂、上身向远伸展的依次向上抬起，回复到直立状态；呼气，松开双手背于体后，略分开双腿与肩宽，站立放松。

速成明星般长腿
——笨拙式

女明星们一双双圆润修长的美腿，既飘逸脱俗又风韵十足，不过，练习笨拙式之后，你就不用再羡慕她们了。

01 直立，双腿、双脚打开与肩同宽。

02 吸气，双臂向前抬起90度与地面平行，掌心向下。

03 呼气，曲双膝下蹲，同时移动臀部重心向后，至大腿与地面平行，膝关节不要超过脚趾，小腿与地面垂直，上身尽量保持直立停留，均匀呼吸。

笨拙式可塑形大小腿、臀部肌肉，伸展髋关节，锻炼发展上臂，促进膝、踝关节血液循环，去除下肢风湿病、关节炎、痛风等症，帮助缓解下腰痛及椎间盘。

04 吸气，起身回复直立；呼气，放松双肩，调整直立状态；吸气，抬起脚跟最大限度的尽可能只用前脚掌着地。

05 呼气，屈膝下蹲，同时脚跟脚掌继续向上抬起，至大腿、臀部与地面平行，上身保持直立停留，均匀呼吸；吸气，起身脚跟随之继续立起。

06 呼气，落回双脚跟，回复直立，调整呼吸；吸气，再次抬起脚跟。

注 意

不要使用肩膀力量，否则会造成耸肩。保持脊背正直就可以借助到脊背的力量控制好平衡。手臂的肌肉也不要刻意的紧张或收紧，手指尖始终引领手臂有向前无限延伸的感受，并保持与地面平行。

07 呼气，屈膝下蹲的同时，将双膝关节向内并拢在一起，至大腿、臀部与地面平行，臀部不要完全坐在脚跟上保持。

08 吸气，起身脚跟随之继续立起；呼气，落回脚跟，回复直立，放落双臂，放松四肢。

纤细双臂
——鸟王式

01 直立，双腿、双脚并拢。

02 吸气，双臂向前抬起90度与地面平行，双手掌心相对。

03 呼气将左大臂放于右大臂的上侧，手肘处重叠。

鸟王式可消除大臂、小臂多余的赘肉，对双腿非常有益，可补养加强双踝、双膝和小腿肌肉，有助于防止和消除小腿肌肉痉挛。同时还可以发展身体平衡能力，协调感与专注能力，增加性器官和肾脏的血液供给，增强性能量及其控制能力。

04 弯曲双肘，小臂与地面垂直，将上侧小臂向前缠绕下侧小臂，至双手掌心合十，大拇指朝向面部。

05 吸气，脊柱向上伸展；呼气微屈双膝，将重心移至右脚，抬起左腿，将左大腿放落在右大腿上侧，避开膝关节处。

06 左小腿与脚踝由前至后缠绕另一侧小腿，左大脚趾在右小腿的内侧；吸气，再次直立腰背。

注意

双臂与双腿缠绕时，要避开关节处，才能够紧致的缠绕在一起。双手指尽量平行合十。如果不能很好完成，可将手指位置上下错开并保持合十的停留。

如果小腿与脚踝不能向另外一侧完美缠绕，尽量靠拢保持。保持过程中，腰背要始终要直立，不要因为下蹲而前曲上身。

07 呼气，继续屈膝下蹲至最大限度保持，最终可让大腿与地面保持平行停留；吸气，起身直立并打开双腿；呼气，打开双臂向两侧平行与地面，在这里调整一次呼吸，再以同样的方式完成另外一侧的练习。

下肢完成不了的练习者可脚尖点在地面上完成。

上肢完成不了的练习者也可手抱住对侧肩胛骨完成。

小肚腩BYEBYE
——站立头触膝式

功效

站立头触膝式可收缩腹部肌肉，使腹部肌肉变得强壮，同时挤压、按摩腹部脏器，使腹部脏器变得健康，同时充分伸展双下肢韧带、跟腱、肩胛骨、肱二头肌、肱三头肌，收紧腹部及大腿，有益骨神经。另外，练习该式还能集中注意力，增强稳定性及平衡能力。

01 直立，双腿、双脚并拢。

02 呼气弯曲上体向前、向下与地面呈90度；

03 重心移至右脚，吸气弯曲左膝，将左腿抬起，十指交叉握住左脚掌，同时抬头注视正前方；初学者和平衡稍差者在此保持。

完成最终体式避免耸肩。

注意

如果抬起一侧的腿不能够完全伸直，可以保持弯曲，并在最大限度上停留，但下面腿的关节处一定要保持在始终伸直停留的状态。低头触膝的同时会影响稳定，如果不能很好完成，可抬头保持平视前方。

04 呼气，由脚跟引领膝关节向前完全伸直至90度保持。

05 吸气，拱背向上；呼气，低头同时弯曲双手肘夹紧小腿，将额头触在膝关节上保持；吸气，曲左膝，同时抬头、抬起上体；呼气松开双手放落左脚。调整后，以同样方式完成另外一侧的练习。

丰胸翘臀
——站立拉弓式

功效

站立拉弓式可充分伸展胸腔，有丰胸效果，同时还可收紧上臂、髋部及臀部，提升臀围线，使臀部变得上翘，强健腹部及大腿。增强下腰部脊柱及大部分肌肉的伸展性和力量，使韧带变得柔软。另外，练习此式还能促进肺部机能，促进身体血液循环。

01 直立，双腿、双脚并拢。

02 顺着大手指向外打开左手。

03 重心移至右脚，向后曲左膝抬起左小腿，左手由内侧握住左脚踝。

完成时主力腿膝盖一定要伸直，避免翘臀塌腰、扣肩。

注意

抬腿的同时不要让臀部太过主动，应让抬起一侧的腿主动向上伸展，不要为了抬高腿而过分的掀起髋关节，腿抬起越高，越要让这一侧髋关节尽可能下沉，双肩尽可能平行而不是一前一后的停留。

04 吸气，抬起右臂向上。

05 呼气，上体前倾至肚脐或小腹平行地面，右手臂与地面平行。

06 吸气，抬高左腿至最大限度保持，最终可达到180度的位置停留；吸气，起身同时放落左腿至起始的位置上；呼气，再放落左小腿及右手臂。调整放松后，再以同样方式完成另外一侧的练习。

美化腿部线条
——战士第三式

战士第三式可加强腿部肌肉力量、消耗腿部区域多余脂肪、矫正身体不良姿势、增强腰背部力量，促进腿部线条感。同时，此式还能增强身体的平衡能力，促进身体循环系统机能。

01 直立，双腿、双脚并拢。

02 吸气，双臂经体侧向上抬起；呼气，双手至头顶合十，手臂贴紧耳朵，腰背保持伸展。

03 右脚向前迈一大步，将重心完全移至右脚；吸气，手臂带动上身向上伸展，同时左脚离开地面。

最终完成时避免膝盖弯曲和扣肩，主力腿膝盖一定伸直。

注意

初学者不要强求90度位置保持，可以降低幅度，但上身和腿要保持在一条直线上，始终保持双膝关节伸直。停留时不要刻意紧张或屏息，越松弛越容易停留。

04 呼气，手臂继续带动上身向前向下伸展、最终可到达90度，保持上身和抬起一侧的腿与地面平行，呈一条直线。眼睛注视地面垂直的一点。

05 均匀呼吸保持；吸气，起身；呼气，右脚落回地面，将重心向后移回，收回左脚。调整呼吸，再以同样方式练习另外一侧。

靓丽容颜
——站立分腿伸展式

站立分腿伸展式可使血液充分的流向头部，滋养大脑及脑垂体，从而美体美容。同时，练习该式还能防止或缓解坐骨神经痛，伸展大腿后侧、跟腱的韧带，还可促进腹部脏器、腺体的功能，加强腰部脊柱的灵活度。

01 直立，双腿、双脚并拢；两脚分开约一步半的距离。

02 吸气两手臂经体侧向上抬起；呼气，双手至头顶合十；吸气，脊柱顺手指继续向上延伸。

03 呼气，手臂恢复至身体两侧90度。

练习中避免屈膝弓背。

注意

练习时上身彻底前屈后，重心稍稍前移至脚掌，以保持稳定，同时，意识保持集中，睁开双眼，自然呼吸的停留，可跟随呼吸引导身体充分伸展，如吸气翘臀时感受下肢韧带的伸展；呼气塌腰、伸背时感受脊柱向地面的延展等。

04 再次吸气，伸展腰背；呼气，自腰部向前向下弯曲上身，双手握住脚踝前侧，放松头、颈、背部向地面下沉。

05 吸气，抬头向斜下方延展脊柱；脊柱僵硬的人就在向下伸展脊背的位置停留。

06 呼气，双手顺势握向脚踝后侧，同时弯曲手肘，带动颈部、腰背部向地面的方向延伸，拉动上身贴近双腿，最终让头顶与脚跟平行保持；吸气，抬头，打开手臂侧平举，慢慢抬起上身，呼气，双臂回落至身体两侧，双脚八字向内收回与肩同宽，闭上双眼调整气息放松。

“小腰精”速成
——三角式

三角式可充分舒展两侧侧腰部位，消耗掉侧腰部位多余的脂肪，增强髋关节和侧腰部伸展及力量，缓解腰痛、风湿痛、伸展下腰部、脊柱、矫正脊柱畸形。

01 两脚分开约两步的距离。

02 吸气两手臂经体侧向上抬起至90度；呼气，翻转掌心向前。

03 保持双髋关节平行不动，将左脚向左打开90度；呼气，顺着脚趾的方向曲左膝，至大腿与地面平行，膝关节不要超过脚趾。

手不要按压在地面上,不要扣肩。

注意

弯曲的膝关节不要超过脚趾，屈膝下沉的重心在大腿根处，才能让大腿外侧保持轻松。伸直一侧的脚掌要完全放落地面，脚趾始终朝向正前方，膝关节完全伸直。保持动作时，臀部不要后翘或扣髋，腰背始终保持平行。上身弯曲后，不要让身体贴在大腿上，手指避免支撑地面而是指尖轻轻的碰触地面。

04 吸气，腰背直立；呼气，上身弯曲向左. 左手指轻轻触地。

05 吸气，转头向上眼睛看向右手，下颌抵在上面肩膀上，均匀呼吸停留；吸气，保持腿不动，直立上身；呼气伸直左膝关节，转回左脚，调整呼吸后，以同样方法练习另外一侧。

修塑髋部

——站立分腿头触膝式

想要脱胎换骨、性感热辣，又怎能忽略髋部的风情？

01 双脚分开约一步半的距离。

02 吸气两手臂经体侧向上抬起；呼气，双手至头顶合十。

03 将上身、双脚同时转向左侧，双肩、双髋平行，左脚呈90度，右脚呈70度。

功效

站立分腿头触膝式有助于修塑髋关节，纠正髋部不良的体态，减少腰、腹、髋、臀、大腿多余脂肪，柔韧大腿后侧韧带。

04 吸气，抬头看向双手；双臂贴于双耳，身体向后延伸，眼睛注视手指。

05 呼气，上身向前、向下弯曲，双手放落在脚前侧的地面；吸气，拱背。

06 呼气，低头放松颈部，额头触在膝关节上保持，均匀呼吸停留；吸气，抬头、手臂、上身依次向上抬起，恢复直立；呼气，转回上身、双脚，向正前方；调整呼吸，再以同样方式练习另外一侧。

最终完成时一定要将额头触碰膝关节。

达不到最终体式者双手分开放脚两侧，弯曲前侧腿的膝盖。

弯曲上身的同时，双髋关节要始终保持平行，拱背时颈部要尽可能放松才能够触向膝关节。初学者如果不能将双手放落地面，可将前侧膝关节稍稍弯曲，并将双手打开放落在脚两侧的地面上，以保持平衡。

美脊修身
——树式

树式可充分延展每节脊柱，使其保持正直，纠正身体的不良体态，补养和加强腿部、背部、胸部的肌肉，促进脚踝、膝、髋关节的伸展、柔韧性，同时提高平衡感和专注能力。

01 直立，双腿、双脚并拢。

02 重心移至右脚，借助双手将左脚放于右大腿根前侧。

03 弯曲的膝关节向地面方向下沉，平衡不够好的人停留在这里。

练习中避免屈膝弓背。

注 意

初学者如不能将脚放置大腿外侧，可踩在对侧大腿内侧适合的幅度内。要是放置大腿外侧的脚向下滑落，可用对侧手帮助保持。保持动作时要视线固定、气息均匀，腰背向上伸展。

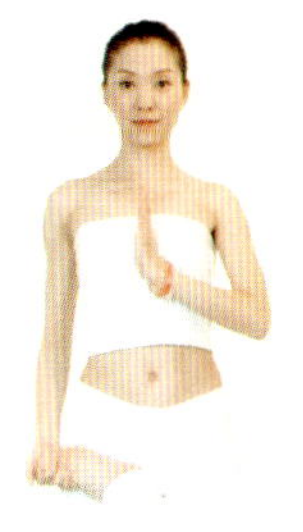

04 先将左手放于胸前，腰背部保持直立，避免塌腰翘臀。眼睛固定平视前方一点。

05 稳定后将双手合十至胸前，吸气感受脊柱继续向上伸展；呼气，肩膀下沉，脚跟向下踩，意识集中，均匀呼吸保持；呼气，放落双手，同时帮助左脚放落回地面；活动放松后，再进行另外一侧的练习。

塑造小腿标准三围

——趾尖式

小腿曲线的美丽是女性身材健美的重要象征。跟身材一样，美腿也有它的比例和尺寸，通常计算方式如下：小腿长度：大于身高的26.3%，最大圆周：大约是小腿长度的3／4；三围尺寸：上围等于最大圆周，中围是上围加下围除以2，下围是上围的63%。

01 直立，双腿双脚并拢.眼睛注视正前方一点。

02 抬起左脚，先做到树式。

03 呼气向前向下俯身，并且弯曲主力腿膝关节，降低上体重心将双手放落在身体前侧的地面上。

脊柱正直，不要塌腰，
上身不要前倾或后仰。

功效

趾尖式可使小腿处肌肉上提，消耗小腿处多余脂肪，还可锻炼身体平衡系统，缓解膝、踝、脚部的痛风及风湿病。

04 降低臀部，右脚跟抬起，让脚跟抵在会阴部位中间位置，双手移向两侧，用手指和右脚脚掌控制好平衡。

05 感觉平衡之后，可以先将单侧手放于胸前，脊背保持直立。

06 最终双手合十胸前，均匀呼吸保持。回复时，打开双手放回地面，吸气，起身，伸直主力腿膝关节，慢慢借助手，将盘半莲花的脚放回地面，再直立上体，调整呼吸，以同样方式做另一侧。

初学者可降低幅度
动　作　如　下

直立，双脚脚跟相对，脚尖打开约45度。

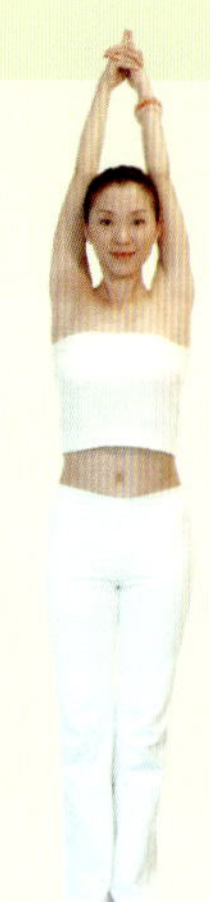

吸气，两手臂经体侧向上抬起；呼气，双手至头顶合十。

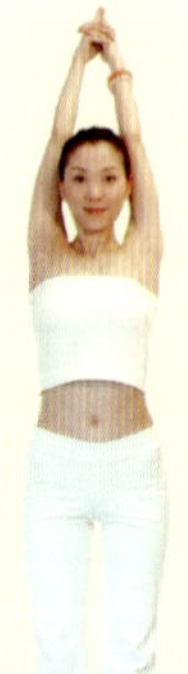

保持脊柱直立状态；吸气，脚跟脚掌向上抬起至最大限度。

呼气,弯曲双膝,身体慢慢的下蹲,臀部放松下沉,渐渐尝试让臀部下沉至脚跟处；双膝关节带动双腿向两侧打开,保持脊柱直立,均匀呼吸；吸气,起身,呼气，向下放落脚掌、脚跟、经身体两侧放落手臂。

PART 2

深层内脏排毒

重点练习除风式，即可按摩腹部内脏器官，排除体内毒素，同时放松腰背部位，加强腹部肌肉，有助于减轻便秘。

放松全身心
——仰卧放松式

都说放松的女人最美，可又有谁能真正做到呢？事业家庭的沉重压力，使你身心倍感疲惫。此时，把它们都丢下吧，让放松，流溢到身体的每个角落里……

01
仰卧，双手放于身体两侧，手心向上，双腿双脚微分，闭上双眼,放松全身，调整呼吸。

功效

仰卧放松式可使人身心愉悦，身体完全放松，全身血液循环恢复正常。

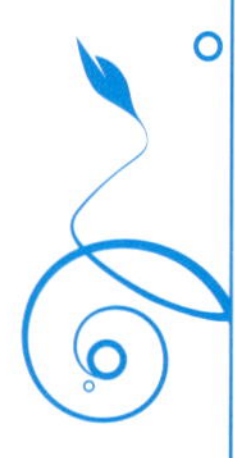

内脏排毒
——除风式

工作压力大、饮食不节制……“排毒”成了刻不容缓的工作。用瑜伽排毒，不但能使你神清气爽，更能让你的体态更加婀娜多姿。

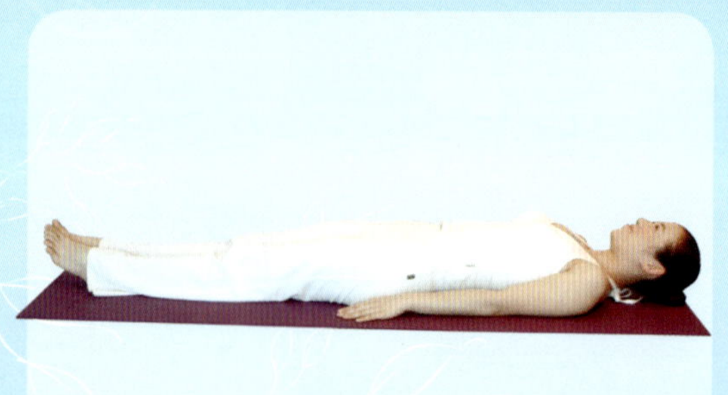

01 仰卧，双腿双脚并拢。

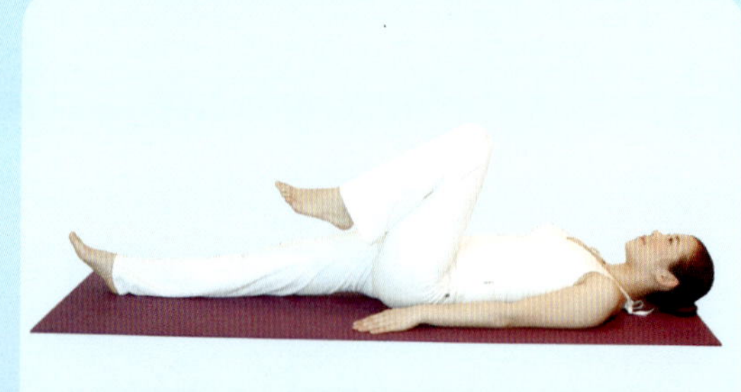

02 双手放于身体两侧；吸气，弯曲左膝关节靠近胸腹部。

功效

除风式可按摩腹部内脏器官，排除体内毒素，同时放松腰背部位、加强腹部肌肉、有助于减轻便秘，预防缓解胃胀气及腹部慢性疾病。

注意

不要耸肩，应保持双肩的放松，双脚尖、脚掌也不要用力，保持放松的状态，弯曲双膝时，尽量让腰背处贴在垫子上。

03 双手十指交叉抱住左小腿，尽量引导左膝贴向左肩方向；呼气，微收下颚，眼睛可注视胸骨，均匀呼吸保持；吸气，打开双手；呼气，左腿左脚回落地面；调整呼吸，以同样的方式做另一侧。

另一侧做完之后吸气，弯曲双膝，双手尽量环保住小腿，双手握住对侧的手肘；呼气，下颚微收，保持脖颈的放松，均匀呼吸；再吸气，打开双手；呼吸，双腿双脚回落。

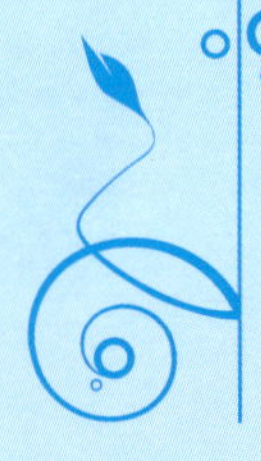

腹部燃脂
——仰卧起坐

功效

仰卧起坐式可收紧腹部肌肉、消除腹部多余脂肪、柔软下肢韧带，回复、放松腰背。

01 仰卧，双手臂向上抬起至头顶上方，双腿并拢；吸气，借助腰腹部力量，将上身快速立起；呼气，身体向前、向下，额头触向膝关节。

注意

快速起身时，不要用颈部或头部带动上身，而要用腰腹部的力量快速起身。身体向下后，额头尽可能触向膝关节，身体靠近双腿时不要用力过猛，以免韧带受伤。生理期时可不做这个体式，改为侧卧位起身。

PART 3

精雕细塑完美体形

针对最易发胖的腰、腹、臀部位强效练习，抑制赘肉反复，塑造完美三围。

紧致全身
——眼镜蛇式

瘦身，当然不能有瑕疵的遗憾。眼镜蛇式能让你把腰部曲线重新演绎，把小腹赘肉轻松赶跑。

01 俯卧，双腿、双脚并拢。

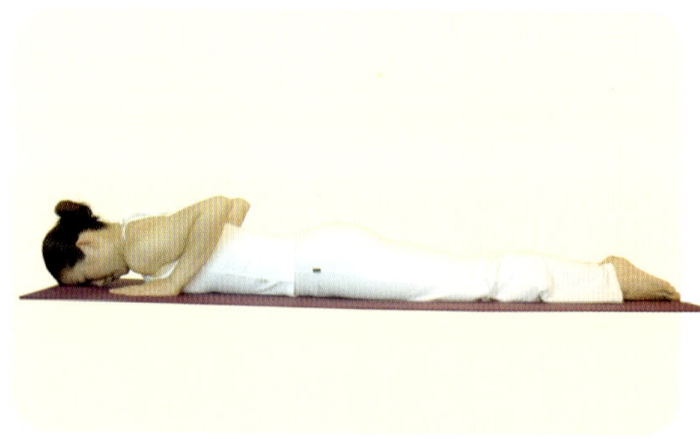

02 双手掌心向下放在肩膀两侧，小臂、手肘放落地面，肘关节加紧身体，额头触地。

功效

眼镜蛇式可充分伸展身体前侧，拉伸塑紧腹部的线条，使脊柱富有弹性，且缓解腰背酸痛及疲劳，改善颈部、背部的紧张僵硬感，促进背部及脊柱神经的血液循环，还可以加强双手臂的肌肉及关节处的力量，紧致臀部、大腿内侧小腿肚的肌肉。另外，练习该式还可调节月经失调及女性机能失调等。

03 吸气，抬起头、颈部、上身依次离开地面。

04 吸气，推直手肘，支撑起上身；呼气，头继续带动身体向后伸展。

最终完成时避免耸肩，耻骨一定着地。

注 意

上身抬起的同时，脚跟不要向两侧分开，保持并拢，双手肘保持伸直。手肘伸直后，如果耻骨部分离开地面，双手需要向前移动，至耻骨部分放落地面。保持中不要耸肩，均匀呼吸。

05 呼气，头、颈放松，身体尽可能向后弯曲；可以闭上眼睛，均匀呼吸保持；保持头不动，呼气弯曲手肘，依次慢慢放落腹部、胸腔、头部至地面，侧脸贴地，闭上双眼，调整呼吸放松。

初学者可降低幅度 动作如下

双手放到头两侧，双脚打开。

腰背部不适者生理期时完成最终屈手肘、小臂触碰垫子，均匀呼吸保持。

甲亢者头平视前方，均匀呼吸保持。

修塑下肢
——蝗虫式

功效

蝗虫式可充分收紧腿部肌肉，消耗腿部区域多余脂肪，提升臀围线的线条感，增加对脊柱区域的血液供应，滋养脊柱神经，增强下背部和腰部范围的肌肉群及韧带的柔韧度。同时还可以帮助减轻或消除便秘、泌尿疼痛，肠胃问题或月经周期不规律，改善椎间盘错位。

01 俯卧，双腿并拢，下颌触地。

02 翻转手掌心向下，紧贴身体两侧。

注 意

双小臂要放在腹股沟的下侧，双手小指相互并拢。单腿抬起时，不要抬起同侧的髋关节，使其始终放落在小臂上。抬起一侧的腿要保持伸直，在最大限度的位置保持住，不要上下浮动。生理期时可只做单腿的练习。

03 将双臂依次放进双腿下侧，小臂放在腹股沟下侧，双手小指处并拢。

04 吸气，抬起左腿向上至最大限度保持；呼气，左腿回落地面；吸气，以同样方式练习反侧。

在完成单腿时避免绷脚尖，髋关节一定要下沉。

在完成双腿练习时，膝关节不应弯曲，尽量额头点地。

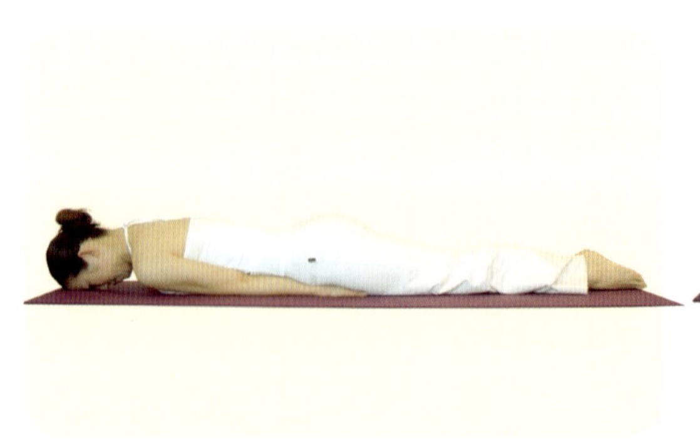

05 调整呼吸；放松颈部，低头额头触地，

06 双腿分开与肩同宽。

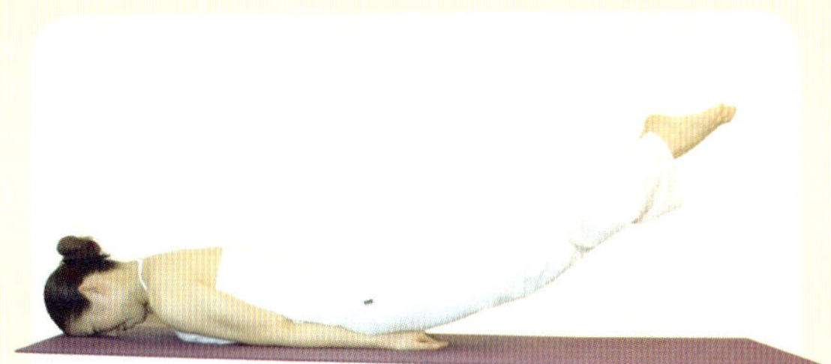

07 吸气将双腿同时抬起至最大限度保持；程度好者可以并拢双腿。呼气，双腿慢慢回落地面，侧脸着地，放松双手，调整呼吸在俯卧位放松身体。

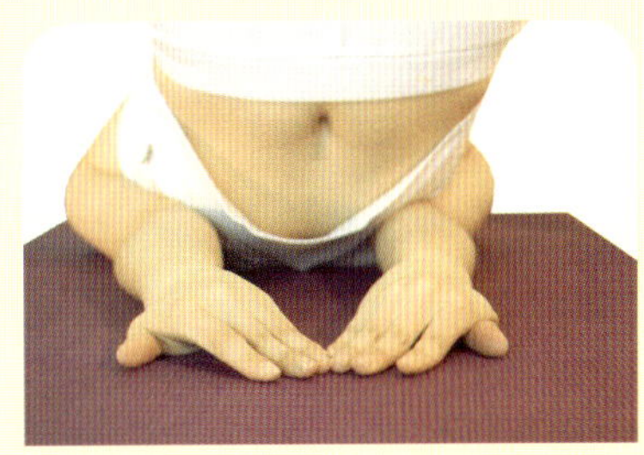

08 完成双腿时双手一定要手指相碰，以帮助完成。

优雅白领的翘臀秘笈

——全蝗虫式

动人美臀的标准是什么？既要挺翘、圆润、结实，还要有弹性、迷人的曲线。在全蝗虫式的引领下，臀部再也不会让你发愁。

功效

全蝗虫式可紧致臀部肌肉，使臀围线上提。强健腰背，腹部，上臂及大腿处肌肉，同时缓解失眠症，哮喘，支气管炎和肾功能失调等疾病。

01 俯卧，双腿双脚并拢。

02 掌心向下手臂放在离开身体约45度的位置上保持，下颚触地。

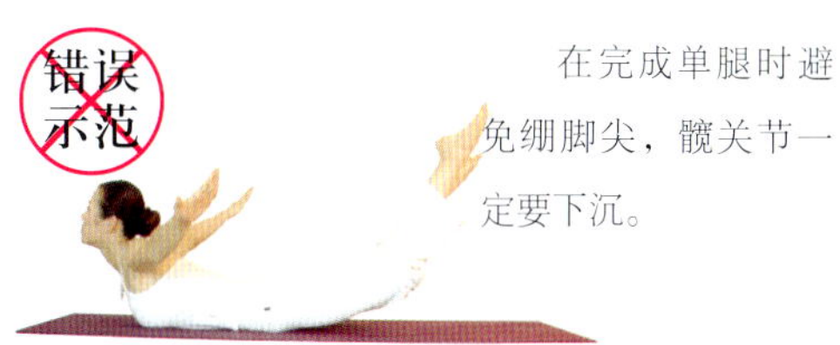

在完成单腿时避免绷脚尖，髋关节一定要下沉。

注 意

初学者练习时可将双腿双脚分开，以减小幅度，降低难度。练习时手臂不要向上抬的过高，尽量与身体保持平行，不要耸肩，同时保持深长呼吸，不要屏气。

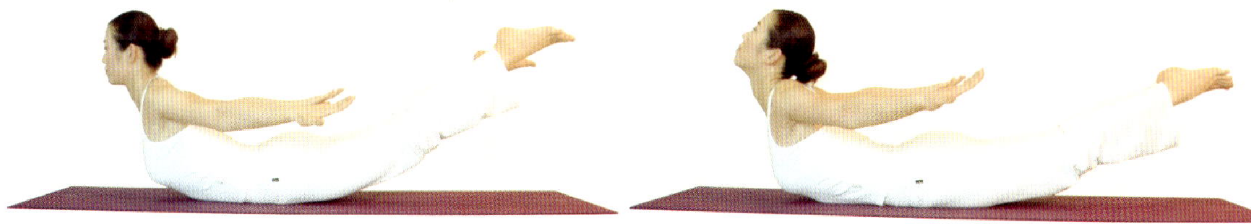

03 深吸气，将上半身双腿双臂同时向上抬起，上半身和双腿尽量平行。

04 翘起下颚，眼睛看向天花板，自然呼吸停留。呼气，慢慢将上身，手臂，双腿放落地面，可将头转向一侧，翻转掌心向上，闭上眼睛放松，调整呼吸。

矫背塑臀
——弓式

功效

弓式对于全身的肌肉都是极佳姿势。练习该式可使背部肌肉群得到增强，纠正背部的不良体态，收紧臀部肌肉，提高臀围线，还能刺激增强体内所有的腺体，有益骨盆区域，减少腰围线上多余的脂肪。肝脏。另外，练习该式还可使按摩肾脏和膀胱等内脏器官，缓解肠胃失调，消化不良，便秘和肝脏机能不振等。

01 俯卧，双腿、双脚分开与肩同宽。

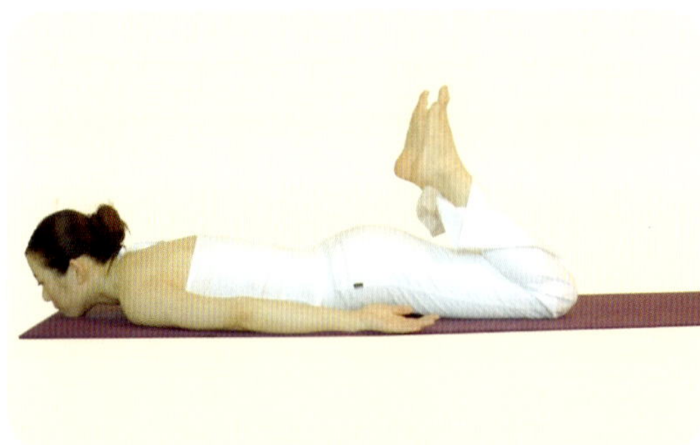

02 弯曲双膝，脚跟尽量靠近臀部。

最终完成时膝关节不要分开太大，手肘一定要伸直。

注 意

初学者，或脊柱的柔软性及背部肌肉力量较差者，练习时可减小幅度，比如只抬上身，大腿贴地面，或者双手握脚背。另外，椎间盘错位患者应向医生咨询后再决定是否练习。同理，患有疝气，胃溃疡，或肠结核症患者练习前也必须先取得医生的许可。

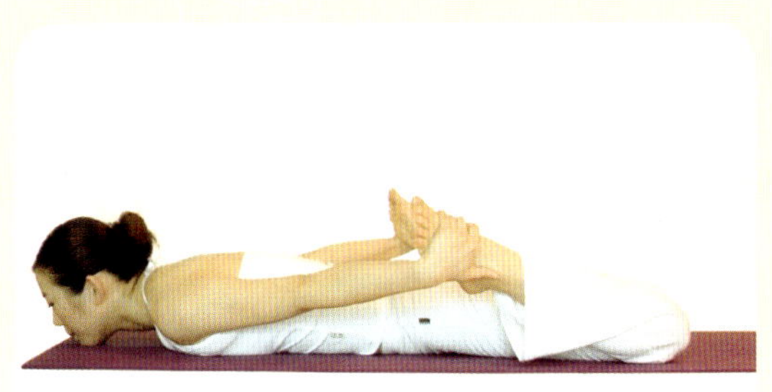

03 用双手从外侧抓到脚踝处，下颚触地准备。

04 吸气，同时抬起上体、双腿离开地面，手脚同时用力向上伸展，眼睛看天花板，保持深长的呼吸。呼气，渐渐地将身体放落回地面，双手松开双脚，将头转向一侧，俯卧位放松，闭上眼睛休息，调整呼吸。

PART 4

内外兼修，打造永瘦体质

充分锻炼人体的中心柱——脊柱、伸展肌肉、雕塑体形。并通过休息术和语音冥想放松神经、缓解压力、改善睡眠，内外兼修，获得身形上的完美提升。

丰胸收腹

——卧英雄式

幸福感，似乎总是和女性身体曲线密切相关。英国调查表示，胸围较大的女性对她们的身材更满意，看事物也更乐观。

01 跪坐在垫子前端，保持双膝并拢。

02 吸气，臀部抬离脚跟，将两脚分开。

03 呼气，臀部放于两小腿之间的地面上。

功效

卧英雄式可扩张胸腔、提升胸线，去除大腿多余脂肪，加强小腿肌肉，强健腹部，平展腹部肌肉、促进下肢的血液循环。同时，该式还能伸展大腿前侧，膝关节外侧，脚踝外侧的肌肉和韧带，使下肢关节处变得灵活，缓解下肢坐骨神经痛、痛风、风湿病等。

04 双手放于脚心上，跟随呼气，依次弯曲手肘，身体慢慢的向下平躺。

05 再次吸气，抬头，头顶支撑住地板，保持脖颈处的安全。

脚趾间一定指向正后方，避免双膝离地。双手尽量抓住手肘。

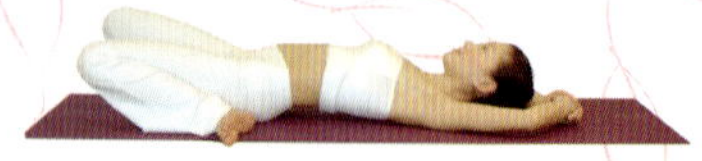

06 再慢慢呼气将双肩，头部放于地面上。

07 双臂举过头顶上侧，双手握住对侧肘部，下颚微收，保持脖颈的放松。自然呼吸。起身时，打开双手，收回身体的两侧，吸气，用手肘支撑住地面慢慢的起身，再依次将两腿缓缓的向前伸展，左右的摆动双腿放松。调整呼吸。

注意

初学者和腿部关节处不够柔韧者应保持坐姿来，做法为膝关节并拢后，小腿向外打开，臀部坐在两小腿之间的地面上，脊柱直立、循序渐进。

舒缓全身

——半龟式

半龟式可使身体充分放松、脊柱脊背得到充分舒展，体内的血液循环恢复正常。

01 跪坐在垫子中间，保持脊柱正直。

02 吸气，双臂经体侧向上抬起，至头顶上方合掌，脊柱向上延伸。

03 呼气，脊背向后放松，身体慢慢的下沉。

最终完成时一定要保持双肩放松，身体贴于双腿，臀部不要离开脚跟。

注 意

应尽量让臀部坐在脚跟处，以缓解脊柱和腰背的不适。

04 随之呼气，将头放到膝盖前侧，手臂保持伸展。

05 吸气，腰背处向前方舒展，让腹胸部贴在大腿前侧，呼气，额头处在地面上，保持自然呼吸。起身时，吸气，先抬头，慢慢的起身，将脊柱还原正中。呼气，放落双臂，调整呼吸。

纤细腹部
——骆驼式

久坐，不爱运动，还嗜好一点甜食，即使不胖的女人，难道，腹部赘肉也必定会在劫难逃？幸而这里有骆驼式，还好还好。

01 跪坐到垫子上。

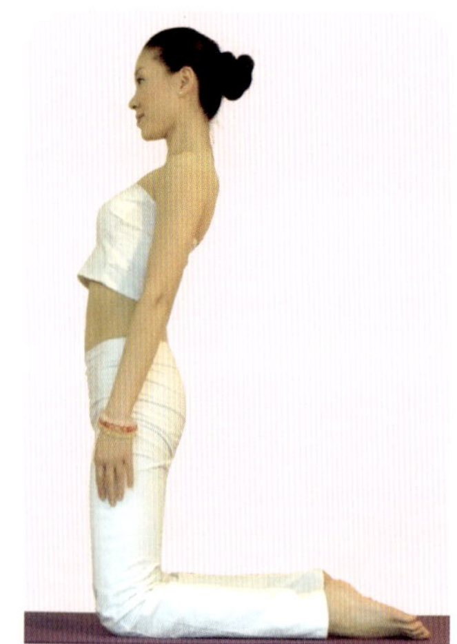

02 跪立，双腿分开与肩宽。

骆驼式可充分伸展到身体前侧的肌肉线条，从而去除腹部区域多余的脂肪，使小腹变得纤细、加强腹部肌肉的弹性，并纠正身体不良体态，如：驼背；双肩下垂等。同时，该式还能刺激伸展喉部、扩展胸腔，有益肺脏、伸展强壮脊柱，使背部神经得到额外血液的滋养，缓解背痛腰痛等。

03 手指尖向外，五指并拢，双手托腰，调匀呼吸，呼气，慢慢向前推出髋部；腰部。

04 将脊柱一节一节的向后弯曲，沉肩向下，弯曲到最大限度，最后再放松脖颈，头部完全后仰，到达舒适的限度，生理期者也停留在这里。

05 渐渐将双手依次抓同侧的脚跟。

最终完成体式时，双腿应垂直地面，避免塌腰耸肩。

注 意

练习时一定要睁眼完成，不要塌腰翘臀。初学者和脊柱不够柔韧者可减小幅度，做半骆驼式，手停留在腰的两侧。同理，初学者和颈椎不适、有眩晕感觉者，不要急于向后仰头，而是应保持眼睛看向前方，给自己适应的过程。

07 慢慢调整，最终手掌心与脚掌心重叠。动作保持时，让髋关节向前推出，尽量让大腿处垂直于地面。保持自然呼吸。起身时，将手依次托回腰部，吸气，慢慢的将脊柱还原正中。眼睛看前方，将双腿并拢，回复到跪姿，调整呼吸，放松。

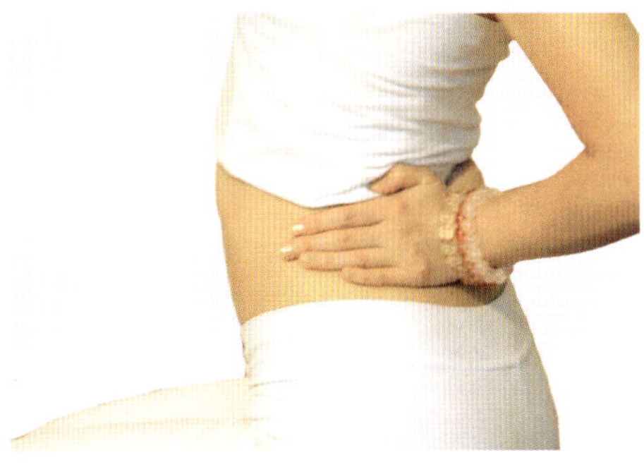

08 双手托腰时，手指间向前，五指并拢，掌心去托住腰部。

乌黑亮发
——兔子式

兔子式可使血液充分的流向头顶，滋养头部的穴位，使血液滋养直至发根，让头发变得乌黑亮丽。同时，该式还可伸展脊柱，滋养脊柱神经，保持脊柱灵活性及弹性，促进消化，预防感冒，缓解各种慢性上呼吸道疾病等。

01 跪坐，双腿双脚并拢。

02 双手握住双脚脚跟。

03 手背朝外；呼气，低头，让脊柱一节一节弯曲向下。

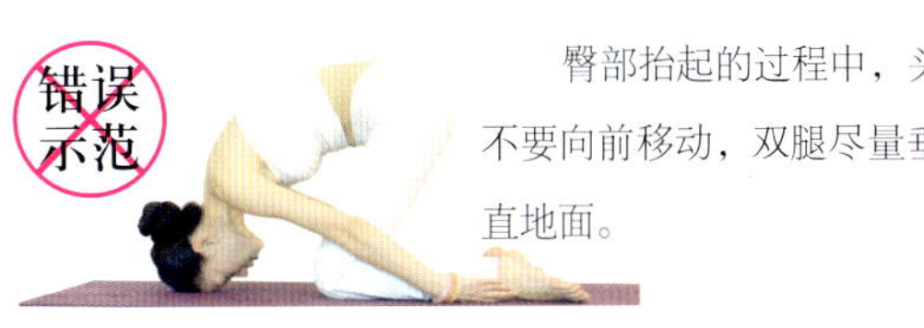

臀部抬起的过程中，头不要向前移动，双腿尽量垂直地面。

注意

臀部抬起时头部不要向前移动，而是逐渐滚动至双大腿垂直地面的位置。不要左右转动颈部，保持正中稳定位置，以免造成不必要的伤害。回复时应尽量缓慢的将臀部回落，将额头放落地面，给血液回流的时间。

04 尽量让额头靠近膝盖关节，头触在垫子上。

05 稳定后，吸气慢慢抬起臀部向上，头部顺势向前滚动；呼气，直至大腿垂直地面的位置保持。可闭上双眼，均匀呼吸保持。回复时，呼气，将臀部坐回脚跟处，额头放落地面，双臂放松，调整呼吸，吸气，慢慢抬起头、上身，回复跪坐位。

修正脊柱

——单腿头触膝及双腿背部伸展式

功效

单腿头触膝及双腿背部伸展式可在充分拱背伸背的基础上，拉伸每节脊柱，从而纠正脊柱的错位。同时，该式还可伸展、柔软髋关节、下肢韧带及跟腱，有益坐骨神经和下半身机体组织，提高肾脏、胃肠、肝脾功能等。

01 坐位，伸直双腿，脊背直立。

02 弯曲左膝，将左脚掌抵在右大腿内侧，右脚趾向上，双肩、双髋保持平行。

单腿头触膝

注 意

练习时对动作不要过分强求，应在最大的限度上保持，尽可能配合呼吸放松身体，从而达到最好的伸展效果。

双手暂时不能扣住双脚者曲膝保持。

03 呼气，放松上身向前，双手十指相扣握住前脚掌。

04 吸气，拱背向上；呼气，低头，放松双肩上身。

05 弯曲手肘，将额头触在膝关节上，均匀呼吸保持；吸气，抬头；呼气，松开双手；再配合吸气，慢慢立起上身，打开左腿放松，再交替另外一侧练习。

01 坐位，伸直并拢双腿，腰背保持直立。

02 吸气，将双臂经身体前侧向上抬起至大臂贴紧双耳。

03 呼气，上身前倾，双手前三个手指握紧双脚大脚趾。

双腿背部伸展式

完成双腿动作时应保持腹部贴于双腿。

04 吸气，抬头向斜上方伸展腰背，（生理期者可在这里停留）。

05 呼气，弯曲双手肘，将腹部贴靠大腿，胸部靠近双膝，前额触向小腿，将整个身体平贴在双腿上均匀呼吸保持；吸气，抬头；松开双手；将手臂、上身依次向上抬起恢复直立；呼气，放落双臂，调整呼吸，放松身体。

媚动脊背

——脊柱扭动式

据说，脊柱两侧的经络与五脏六腑的关系极为密切。经常锻炼脊柱，可激发经络的疏通，气血运行，血脉流畅，滋养全身器官。

01 坐位，双腿双脚并拢，脊背直立。

02 弯曲左膝将左脚掌踩在右膝盖外侧。

脊柱扭动式可充分伸展脊柱，激活神经系统，放松腰、背、肩、颈各个部位的肌肉群，帮助缓解腰背部疼痛。同时，该式还可强健肾脏、肝脏、脾脏，促进消化系统、排泄系统及肠蠕动，帮助去除肠胃胀气等。

03 弯曲右膝，将右脚放在左臀部外侧。

04 双臂着地，吸气，提起右臂向上。

05 呼气，右臂环抱住左腿，将右小臂贴靠在左大腿外侧。

初学者可以先从单腿开始练习。

注 意

扭转过程中，不要将臀部抬离地面，应放落地面保持。腰背要保持直立，不要弯曲，尽可能让大腿与腹部贴靠在一起，保持均匀呼吸。

06 吸气，向旁侧抬起左臂，手臂平行地面。

07 呼气，左臂带动身体向左后方扭转至正后方，再将左臂背在身体后侧，均匀呼吸保持；保持动作的过程中腹部尽量贴靠大腿内侧；回复时，吸气，转回头和上身；呼气，松开双臂，放落双腿，放松后交替双腿做另外一侧练习。

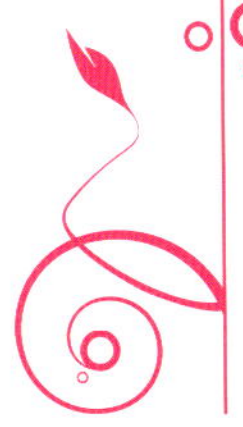

无毒一身轻

——霹雳坐吹气式

功效

霹雳坐吹气式可清除体内的毒素，帮助降低身体温度，伸展、放松及强健腹部器官，减少腹部多余脂肪，强壮腹直肌等。

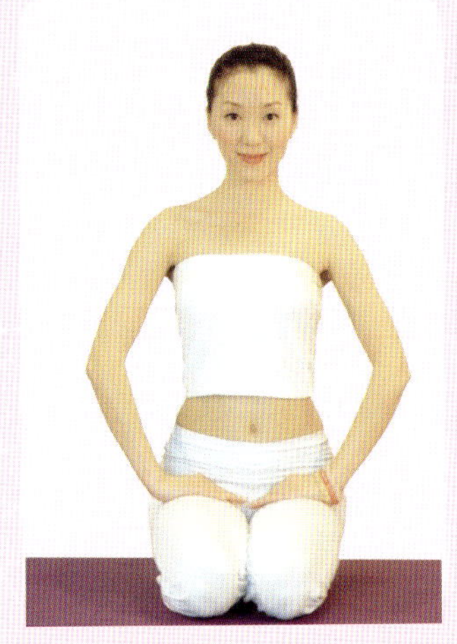

01 跪坐，双腿双脚并拢。

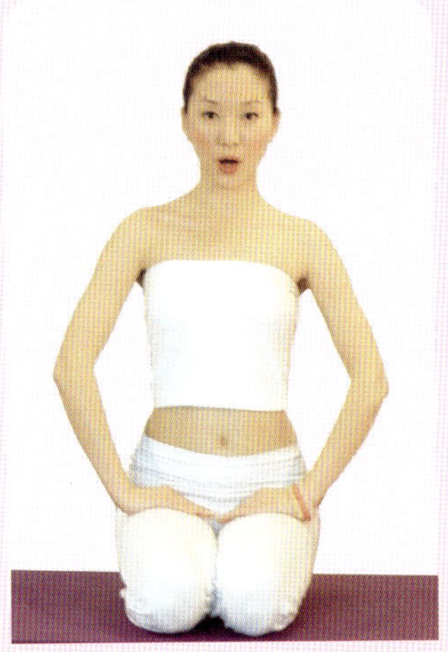

02 张开嘴巴向外吹气，好像吹蜡烛一样，集中注意力在呼气上。

03 反复进行60～100次的练习后，微闭双眼，调整呼吸，放松腹部。

注意

练习时，腹部要尽可能放松，呼气的时候只有腹部跟随运动，其他身体各部位都要稳定不动，如：胸腔 肩膀等，生理期时可小幅度练习，如腹部内收的幅度减小。

减压，让经络享受SPA
——清理经络调息法

功效

清理经络调息法可清除血液毒素、增加身体氧气供应，有利于排除体内废气，使人精神焕发、心情平和宁静。同时，该式还以把人的各种感官知觉和心灵从感官对象，事物上撤回来的状态（制感）,帮助进入瑜伽冥想（执持）开始的状态。

选择一个舒适的冥想坐姿，最好可以稳定地保持在15分钟以上，脊柱保持正直，闭上眼睛，注意力放在呼吸上，呼吸要均匀自然，将左手放在膝盖上，右手食指和中指弯曲，屈右肘，右手放于鼻子附近，准备进行清理经络调息。

第一阶段

左鼻孔、右鼻孔分别进行

用右手的大拇指按住右鼻孔，只用左鼻孔缓慢、深长地进行5次完全呼吸。之后，用无名指和小拇指按住左鼻孔，只用右鼻孔进行5次完全的呼吸，这是第一个回合。

依此动作做25个回合。每一个回合保持呼吸的比例为1：1。呼吸不应勉强用力，或太粗重、太快速，应以出入时最好无声音。这个阶段进行15-20天无困难时就可以进入第二阶段。

注意

意念控制：意识放在气息上，体会气息在体内的流动。

注意事项：如果你在练习中紧张或者呼吸的节奏被打乱，都应停止练习或重新调整呼吸的节奏。

不宜人群：心脏病、高血压患者不要做悬息，只进行前两步的训练。对于低血压患者不要做外悬息。

第二阶段

左右鼻孔调息

右手保持和第一个阶段一样，先按住右鼻孔，由左鼻孔吸气，之后用无名指和小拇指闭住左鼻孔，由右鼻孔呼气。然后继续由右鼻孔吸气，用大拇指闭住右鼻孔，松开左鼻孔，由左鼻孔呼气，这是第一个呼吸回合。

依此动作练习25个回合。把此练习和第一阶段练习合做10天。练习中，不应有呼气急促感，吸入量以呼出时不费力为限，感觉舒适后再逐渐增加呼吸的时间。

第三阶段

内悬息

呼与吸比例相同时，才可以做这一个阶段练习。每次吸气后都悬息，吸气、悬息、呼气时间应相等，即：左鼻孔吸气→悬息→右鼻孔呼气→右鼻孔吸气→悬息→换边左鼻孔呼气，这是第一个回合，要逐渐做到毫不费力的完成25个回合之后，坚持两个星期，再开始下一阶段的练习。

注意：当无法维持吸、呼的节奏时间时，可改为每两次吸气之后才进行悬息一次。

第四阶段

内悬息、外悬息

无论吸气、呼气都要进行悬息练习，即：左鼻孔吸气→内悬息→右鼻孔呼气→外悬息→右鼻孔吸气→内悬息→左鼻孔呼气→外悬息，这是第一个回合，要可以完成25个回合之后，每次的呼吸节奏要保持一致。

第五阶段

高级清理经络调息（呼吸比例）

此阶段的练习应该在有经验的调息专家指导下进行。开始练习时不用进行外悬息的训练，只进行内悬息的练习。

开始练习要达到吸气：内悬息：呼气的呼吸比例为1:2:2 即如果吸气用5秒钟，内悬息10秒钟，呼气为10秒钟。当然这个过程是循序渐进完成的。可以先从完成6秒到7秒、8秒直至最后达到10秒钟。练习一段时间之后，比如一周之后，练习者可试着将吸气的时间增加1秒，相应悬息及呼气的时间比例增加到12秒钟。

持续的练习1个月，或可舒适按照比例完成25个回合之后，逐步增加内悬息、呼气与吸气的比例。当练习者可以完成 1:4:2的比率25个回合之后就再进一步进入到 1:6:4。最终可以达到 1:8:6 。这个过程可能需要几个月的时间，甚至是几年。

练习者毫不费力的完成这一比例节奏之后，在最后阶段的练习就是要达到吸气：内悬息：呼气：外悬息比例为1：4：2：2 。习练者应该可以按照第四个阶段的训练逐步做到一次练习完成15个回合。

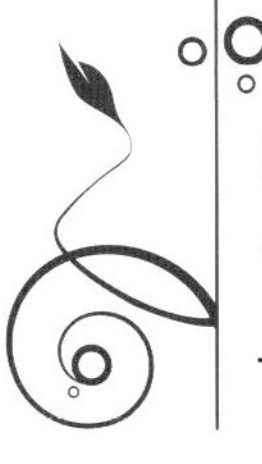

潜意识减肥法

——瑜伽冥想减肥术

练习准备

仰卧在地板上，采用仰卧放松的姿势。身体从头到脚伸直，腿微微分开，手臂与身体保持一小段距离，手心向上。

稍事调整身体、位置、服装直到感觉可以完全舒适的躺下。在练习过程中身体完全不能移动。深吸气，感受身体的放松。不需要移动或故意放松身体的肌肉，只是发展放松的感觉。此时就像要睡觉之前，进入深度的放松，但要保持清醒的意识。

现在感受一种来自全身内在放松的感觉，集中意识在身体上，感受完全的平静下来，将意识从头顶向下移动到脚尖，心中默默重复0-0-0-M-M-M。感受全身完全的平静下来，再一次唱诵0-0-0-M-M-M。继续感受身体，感受全身，整个身体。提醒自己：我正在练习瑜伽冥想减肥休息术，内心对自己说：我是醒着的，我将要练习瑜伽冥想减肥休息术。再一次对自己重复。

下定减肥的决心

下定减肥的决心，提醒自己要将身体多余脂肪充分的燃烧掉，同时发展此决心。用意识、感觉、着重重复三遍，使其生活中变为现实。

意识控制

尽可能快的将意识从一个部份移动到另一个部分，在脑海中重复这个部份，同时将意识停留在身体相应的部位。将意识放在右手。

右边

将意识依次传递，顺序为：右手的大拇指，第二手指，第三手指，第四手指，第五手指，意识转移到手掌，手背，手腕，前臂，肘，上臂，肩，腋下，右侧的腰，右髋，右大腿，膝盖，小腿，脚踝，脚跟，脚底，脚背，大脚趾，第二脚趾，第三脚趾，第四脚趾，小脚趾。

左边

将意识依次传递，顺序为：左手大拇指，第二手指，第三手指，第四手指，第五手指，意识转移到手掌，手背，手腕，前臂，肘，上臂，肩，腋下，左侧的腰，左髋，左大腿，膝盖，小腿，脚踝，脚跟，脚底，脚背，大脚趾，第二脚趾，第三脚趾，第四脚趾，小脚趾。

后面

将意识转到后背依次传递，顺序为：右侧的肩胛骨，左侧的肩胛骨，右臀，左臀，脊柱，整个后背。

前面

现在将意识放在头的顶部，头顶，前额，头的两侧，右眼眉，左眼眉，两眉之间，右眼皮，左眼皮，右眼，左眼，右耳，左耳，右脸颊，左脸颊，鼻子，鼻尖，上嘴唇，下嘴唇，下巴，喉咙，右胸，左胸，胸部正中，肚脐，腹部。

主要部分

将意识继续传递。整个右腿……整个左腿……双腿一起。整个右臂……整个左臂……双臂一起。整个后背，臀部，脊柱，肩胛骨……整个前部，腹部，胸部……整个前面和后面……整个头部……全身……整个身体。

不要沉睡过去……保持清醒的状态……不要沉睡过去，不要移动身体。此时应感到整个身体仰卧在地板上。

呼吸

将意识放在呼吸上。感受气息在体内的流动。然后集中意识在肚脐的部位，集中在肚脐部位的起

伏。随着呼吸，一起一落。从27到1 倒数数：27肚脐升起，27肚脐落下。26肚脐升起，26肚脐落下。25肚脐升起，25肚脐落下，以此类推。在大脑中对自己默呼吸。确信没有做错。之后再次返回27重新开始新的一轮。

停止数肚脐，意识转移放在胸部，感受随着每一次呼吸，胸部慢慢的一起一落。保持清醒的意识。集中意识在你的胸部，开始从27到1进行倒数数，和之前的方法一致：27胸部升起，27胸部落下。26胸部升起，26胸部落下。25胸部升起，25胸部落下，以此类推。心中对自己默默地重复。不要出错，否则要重新返回27开始。继续数数，27到1，保持同一状态。

结束胸部的练习后，将意识转移到喉部，试着移动它，依然27倒数到1，意识放在呼吸及数数上。继续数的呼吸，关注喉部。

停下来，将意识转移到鼻孔，意识关注气息进出鼻孔。感受一呼一吸鼻孔的移动。27吸气，27呼气。保持清醒的意识。

观想

停止数数，自然呼吸……关注内心，尽最大的能力去感受、关注、集中、想象，让以下的景象真切出现在脑海里：如燃烧的蜡烛……燃烧的蜡烛……无尽的沙漠……无尽的沙漠……奔驰的火车……海风吹过……海风吹过……海风吹过……永无休止的大海……永无休止的大海……

重复减肥的决心

现在重复减肥的决心，充满情感的重复决心三遍。

结束

完全放松，将意识关注自然的呼吸，关注整个身体，整个身体完全放松，在心中默默重复两遍OM，想象着自己被房间所包围，然后安静的躺着，闭上眼睛。慢慢移动身体，当确信身体已被完全唤醒时，慢慢坐起，睁开眼睛，瑜伽冥想减肥休息术结束。

完全式呼吸
——瑜伽呼吸法

瑜伽式呼吸也称完全式呼吸法，它结合了腹式呼吸、胸式呼吸、肩式呼吸，三者合一，使呼吸效果达到最好。整个呼吸应该是顺畅而轻柔，每一个阶段不可分开来做，而应一气呵成，好像波浪轻轻起伏从下向上，之后再从上而下。

瑜伽完全式呼吸法是大多数调息法练习中必要条件，情绪失控时，可以很好地使情绪安静下来。在每天的瑜伽练习中加入此呼吸方法，每日在做其他调息法或瑜伽冥想之前，可以先做几分钟瑜伽呼吸法练习。

练习方法

1. 取一舒适坐姿或仰卧，放松全身。
2. 缓慢深长地吸气，先保持胸腔不动，使腹部慢慢向外完全扩张。
3. 呼吸要非常慢，听不到任何一点呼吸的声音。感觉空气进入到肺部底端，腹部充满气体。
4. 腹部扩张完成后，胸腔自然地衔接腹部的扩张，尽量向上向外扩张胸腔，此时腹部会略微自然向内收缩。
5. 胸腔扩张完成后，锁骨和肩胛骨微微上耸，把空气吸满肺部的最上端。
6. 此时身体的其他部位是放松的。
7. 呼气时，最先放松肩膀、锁骨及胸腔、腹腔，使体内的废气排空。
8. 整个呼气过程应该非常和谐、流畅。这是完整的一遍瑜伽完全式呼吸。
9. 初学者，每天练习5-10遍，逐渐延长练习的时间到10分钟。

图书在版编目（CIP）数据

90分钟强效减肥调理瑜伽/林晓海编著.—南京：江苏文艺出版社，2009.7

ISBN978-7-5399-3292-7

I.9… II.林… III.瑜伽术—减肥 IV.R214

中国版本图书馆CIP数据核字（2009）第113647号

90分钟强效减肥调理瑜伽

编　　著：林晓海

责任编辑：刘　霁

特约编辑：刘　丹　　陈　曦

封面设计：风　筝

出版发行：凤凰出版传媒集团

江苏文艺出版社 http：//www.jswenyi.com

集团网址：凤凰出版传媒网 http：//www. ppm.cn

印　　刷：北京京都六环印刷厂

经　　销：新华书店

开　　本：787×1092 1/16

字　　数：100千字

印　　张：6

版　　次：2009年8月第1版　2009年8月第1次印刷

书　　号：ISBN978-7-5399-3292-7

定　　价：29.80元